PREFACIO

La colección de guías de conversación para viajar "Todo irá bien" publicada por T&P Books está diseñada para personas que viajan al extranjero para turismo y negocios. Las guías contienen lo más importante - los elementos esenciales para una comunicación básica.Éste es un conjunto de frases imprescindibles para "sobrevivir" mientras está en el extranjero.

Esta guía de conversación le ayudará en la mayoría de los casos donde usted necesite pedir algo, conseguir direcciones, saber cuánto cuesta algo, etc. Puede también resolver situaciones difíciles de la comunicación donde los gestos no pueden ayudar.

Este libro contiene muchas frases que han sido agrupadas según los temas más relevantes.También encontrará un mini diccionario con palabras útiles - números, hora, calendario, colores...

Llévese la guía de conversación "Todo irá bien" en el camino y tendrá una insustituible compañera de viaje que le ayudará a salir de cualquier situación y le enseñará a no temer hablar con extranjeros.

TABLA DE CONTENIDOS

T&P Books Publishing

Colección de guías de conversación
"¡Todo irá bien!"

T&P Books Publishing

GUÍA DE CONVERSACIÓN
ITALIANO

LAS PALABRAS Y LAS FRASES MÁS ÚTILES

Esta Guía de Conversación contiene las frases y las preguntas más comunes necesitadas para una comunicación básica con extranjeros

Andrey Taranov

T&P BOOKS

Guía de conversación + diccionario de 250 palabras

Guía de conversación Español-Italiano y mini diccionario de 250 palabras

por Andrey Taranov

La colección de guías de conversación para viajar "Todo irá bien" publicada por T&P Books está diseñada para personas que viajan al extranjero para turismo y negocios. Las guías contienen lo más importante - los elementos esenciales para una comunicación básica. Éste es un conjunto de frases imprescindibles para "sobrevivir" mientras está en el extranjero.

También encontrará un mini diccionario con 250 palabras útiles necesarias para la comunicación diaria - los nombres de los meses y de los días de la semana, medidas, miembros de la familia, y más.

T&P Books Publishing
www.tpbooks.com

ISBN: 978-1-78492-624-3

Este libro está disponible en formato electrónico o de E-Book también.
Visite www.tpbooks.com o las librerías electrónicas más destacadas en la Red.

PRONUNCIACIÓN

T&P alfabeto fonético	Ejemplo italiano	Ejemplo español
[a]	casco ['kasko]	radio
[e]	sfera ['sfera]	verano
[i]	filo ['filo]	ilegal
[o]	dolce ['doltʃe]	bordado
[u]	siluro [si'luro]	mundo
[y]	würstel ['vyrstel]	pluma
[b]	busta ['busta]	en barco
[d]	andare [an'dare]	desierto
[dz]	zinco ['dzinko]	inglés kids
[dʒ]	Norvegia [nor'vedʒa]	jazz
[ʒ]	garage [ga'raʒ]	adyacente
[f]	ferrovia [ferro'via]	golf
[g]	ago ['ago]	jugada
[k]	cocktail ['koktejl]	charco
[j]	piazza ['pjattsa]	asiento
[l]	olive [o'live]	lira
[ʎ]	figlio ['fiʎʎo]	lágrima
[m]	mosaico [mo'zaiko]	nombre
[n]	treno ['treno]	número
[ŋ]	granchio ['graŋkio]	manga
[ɲ]	magnete [ma'ɲete]	leña
[p]	pallone [pal'lone]	precio
[r]	futuro [fu'turo]	era, alfombra
[s]	triste ['triste]	salva
[ʃ]	piscina [pi'ʃina]	shopping
[t]	estintore [estin'tore]	torre
[ts]	spezie ['spetsie]	tsunami
[tʃ]	lancia ['lantʃa]	mapache
[v]	volo ['volo]	travieso
[w]	whisky ['wiski]	acuerdo
[z]	deserto [de'zerto]	desde

LISTA DE ABREVIATURAS

Abreviatura en español

adj	-	adjetivo
adv	-	adverbio
anim.	-	animado
conj	-	conjunción
etc.	-	etcétera
f	-	sustantivo femenino
f pl	-	femenino plural
fam.	-	uso familiar
fem.	-	femenino
form.	-	uso formal
inanim.	-	inanimado
innum.	-	innumerable
m	-	sustantivo masculino
m pl	-	masculino plural
m, f	-	masculino, femenino
masc.	-	masculino
mat	-	matemáticas
mil.	-	militar
num.	-	numerable
p.ej.	-	por ejemplo
pl	-	plural
pron	-	pronombre
sg	-	singular
v aux	-	verbo auxiliar
vi	-	verbo intransitivo
vi, vt	-	verbo intransitivo, verbo transitivo
vr	-	verbo reflexivo
vt	-	verbo transitivo

Abreviatura en italiano

agg	-	adjetivo
f	-	sustantivo femenino
f pl	-	femenino plural
m	-	sustantivo masculino
m pl	-	masculino plural

m, f	-	masculino, femenino
pl	-	plural
v aus	-	verbo auxiliar
vi	-	verbo intransitivo
vi, vt	-	verbo intransitivo, verbo transitivo
vr	-	verbo reflexivo
vt	-	verbo transitivo

GUÍA DE CONVERSACIÓN ITALIANO

Esta sección contiene frases importantes que pueden resultar útiles en varias situaciones de la vida real. La Guía le ayudará a pedir direcciones, aclaración sobre precio, comprar billetes, y pedir alimentos en un restaurante

T&P Books Publishing

CONTENIDO DE LA GUÍA DE CONVERSACIÓN

T&P Books Publishing

Perdone, …	**Mi scusi, …** [mi 'skuzi, …]
Hola.	**Buongiorno.** [buon'dʒorno]
Gracias.	**Grazie.** [gratsie]
Sí.	**Sì.** [si]
No.	**No.** [no]
No lo sé.	**Non lo so.** [non lo so]
¿Dónde? | ¿A dónde? | ¿Cuándo?	**Dove? | Dove? | Quando?** [dove? | 'dove? | 'kwando?]
Necesito …	**Ho bisogno di …** [o bi'zoɲo di …]
Quiero …	**Voglio …** [voʎʎo …]
¿Tiene …?	**Avete …?** [a'vete …?]
¿Hay … por aquí?	**C'è un /una/ … qui?** [tʃe un /'una/ … kwi?]
¿Puedo …?	**Posso …?** [posso …?]
…, por favor? (petición educada)	**per favore** [per fa'vore]
Busco …	**Sto cercando …** [sto tʃer'kando …]
el servicio	**bagno** [baɲo]
un cajero automático	**bancomat** [bankomat]
una farmacia	**farmacia** [farma'tʃija]
el hospital	**ospedale** [ospe'dale]
la comisaría	**stazione di polizia** [sta'tsjone di poli'tsia]
el metro	**metropolitana** [metropoli'tana]

| un taxi | **taxi**
['taksi] |
| la estación de tren | **stazione**
[sta'tsjone] |

Me llamo …	**Mi chiamo …** [mi 'kjamo …]
¿Cómo se llama?	**Come si chiama?** [kome si 'kjama?]
¿Puede ayudarme, por favor?	**Mi può aiutare, per favore?** [mi pu'o aju'tare, per fa'vore?]
Tengo un problema.	**Ho un problema.** [o un pro'blema]
Me encuentro mal.	**Mi sento male.** [mi 'sento 'male]
¡Llame a una ambulancia!	**Chiamate l'ambulanza!** [kja'mate lambu'lantsa!]
¿Puedo llamar, por favor?	**Posso fare una telefonata?** [posso 'fare 'una telefo'nata?]

| Lo siento. | **Mi dispiace.**
[mi dis'pjatʃe] |
| De nada. | **Prego.**
[prego] |

Yo	**io** [io]
tú	**tu** [tu]
él	**lui** [lui]
ella	**lei** ['lei]
ellos	**loro** [loro]
ellas	**loro** [loro]
nosotros /nosotras/	**noi** [noi]
ustedes, vosotros	**voi** [voi]
usted	**Lei** ['lei]

ENTRADA	**ENTRATA** [en'trata]
SALIDA	**USCITA** [u'ʃita]
FUERA DE SERVICIO	**FUORI SERVIZIO** [fu'ori ser'vitsio]
CERRADO	**CHIUSO** [kjuzo]

ABIERTO

APERTO
[a'perto]

PARA SEÑORAS

DONNE
[donne]

PARA CABALLEROS

UOMINI
[u'omini]

Preguntas

¿Dónde?	**Dove?** [dove?]
¿A dónde?	**Dove?** [dove?]
¿De dónde?	**Da dove?** [da 'dove?]
¿Por qué?	**Perché?** [per'ke?]
¿Con que razón?	**Perché?** [per'ke?]
¿Cuándo?	**Quando?** [kwando?]
¿Cuánto tiempo?	**Per quanto tempo?** [per 'kwanto 'tempo?]
¿A qué hora?	**A che ora?** [a ke 'ora?]
¿Cuánto?	**Quanto?** [kwanto?]
¿Tiene ...?	**Avete ...?** [a'vete ...?]
¿Dónde está ...?	**Dov'è ...?** [dov'e ...?]
¿Qué hora es?	**Che ore sono?** [ke 'ore 'sono?]
¿Puedo llamar, por favor?	**Posso fare una telefonata?** [posso 'fare 'una telefo'nata?]
¿Quién es?	**Chi è?** [ki 'e?]
¿Se puede fumar aquí?	**Si può fumare qui?** [si pu'o fu'mare kwi?]
¿Puedo ...?	**Posso ...?** [posso ...?]

Necesidades

Quisiera ...	**Vorrei ...** [vor'rej ...]
No quiero ...	**Non voglio ...** [non 'voʎʎo ...]
Tengo sed.	**Ho sete.** [o 'sete]
Tengo sueño.	**Ho sonno.** [o 'sonno]
Quiero ...	**Voglio ...** [voʎʎo ...]
lavarme	**lavarmi** [la'varmi]
cepillarme los dientes	**lavare i denti** [la'vare i 'denti]
descansar un momento	**riposae un po'** [ripo'zae un 'po]
cambiarme de ropa	**cambiare i vestiti** [kam'bjare i ve'stiti]
volver al hotel	**tornare in albergo** [tor'nare in al'bergo]
comprar ...	**comprare ...** [kom'prare ...]
ir a ...	**andare a ...** [an'dare a ...]
visitar ...	**visitare ...** [vizi'tare ...]
quedar con ...	**incontrare ...** [inkon'trare ...]
hacer una llamada	**fare una telefonata** [fare 'una telefo'nata]
Estoy cansado /cansada/.	**Sono stanco /stanca/.** [sono 'stanko /'stanka/]
Estamos cansados /cansadas/.	**Siamo stanchi.** [sjamo 'staŋki]
Tengo frío.	**Ho freddo.** [o 'freddo]
Tengo calor.	**Ho caldo.** [o 'kaldo]
Estoy bien.	**Sto bene.** [sto 'bene]

Tengo que hacer una llamada.

Devo fare una telefonata.
[devo 'fare 'una telefo'nata]

Necesito ir al servicio.

Devo andare in bagno.
[devo an'dare in 'baɲo]

Me tengo que ir.

Devo andare.
[devo an'dare]

Me tengo que ir ahora.

Devo andare adesso.
[devo an'dare a'desso]

Preguntar por direcciones

Perdone, …

Mi scusi, …
[mi 'skuzi, …]

¿Dónde está …?

Dove si trova …?
[dove si 'trova …?]

¿Por dónde está …?

Da che parte è …?
[da ke 'parte e …?]

¿Puede ayudarme, por favor?

Mi può aiutare, per favore?
[mi pu'o aju'tare, per fa'vore?]

Busco …

Sto cercando …
[sto tʃer'kando …]

Busco la salida.

Sto cercando l'uscita.
[sto tʃer'kando lu'ʃita]

Voy a …

Sto andando a …
[sto an'dando a …]

¿Voy bien por aquí para …?

**Sto andando nella direzione
giusta per …?**
[sto an'dando 'nella dire'tsjone
'dʒusta per …?]

¿Está lejos?

E' lontano?
[e lon'tano?]

¿Puedo llegar a pie?

Posso andarci a piedi?
[posso an'darsi a 'pjedi?]

¿Puede mostrarme en el mapa?

Può mostrarmi sulla piantina?
[pu'o mo'strarmi 'sulla pjan'tina?]

Por favor muestreme dónde estamos.

**Può mostrarmi dove
ci troviamo?**
[puo mo'strarmi 'dove
tʃi tro'vjamo]

Aquí

Qui
[kwi]

Allí

Là
[la]

Por aquí

Da questa parte
[da 'kwesto 'parte]

Gire a la derecha.

Giri a destra.
[dʒiri a 'destra]

Gire a la izquierda.

Giri a sinistra.
['dʒiri a si'nistra]

la primera (segunda, tercera) calle **La prima (la seconda, la terza) strada**
[la 'prima (la se'konda, la 'tertsa) 'strada]

a la derecha **a destra**
[a 'destra]

a la izquierda **a sinistra**
[a si'nistra]

Siga recto. **Vada sempre dritto.**
[vada 'sempre 'dritto]

Carteles

¡BIENVENIDO!
BENVENUTO!
[benve'nuto!]

ENTRADA
ENTRATA
[en'trata]

SALIDA
USCITA
[u'ʃita]

EMPUJAR
SPINGERE
[spindʒere]

TIRAR
TIRARE
[ti'rare]

ABIERTO
APERTO
[a'perto]

CERRADO
CHIUSO
[kjuzo]

PARA SEÑORAS
DONNE
[donne]

PARA CABALLEROS
UOMINI
[u'omini]

CABALLEROS
BAGNO UOMINI
[baɲo u'omini]

SEÑORAS
BAGNO DONNE
[baɲo 'donne]

REBAJAS
SCONTI
[skonti]

VENTA
IN SALDO
[saldi]

GRATIS
GRATIS
['gratis]

¡NUEVO!
NOVITÀ!
[novi'ta!]

ATENCIÓN
ATTENZIONE!
[atten'tsjone!]

COMPLETO
COMPLETO
[kom'pleto]

RESERVADO
RISERVATO
[rizer'vato]

ADMINISTRACIÓN
AMMINISTRAZIONE
[amministra'tsjone]

SÓLO PERSONAL AUTORIZADO
RISERVATO AL PERSONALE
[rizer'vato al perso'nale]

CUIDADO CON EL PERRO	**ATTENTI AL CANE!** [at'tenti al 'kane]
NO FUMAR	**VIETATO FUMARE** [vje'tato fu'mare]
NO TOCAR	**NON TOCCARE** [non tok'kare]
PELIGROSO	**PERICOLOSO** [periko'lozo]
PELIGRO	**PERICOLO** [pe'rikolo]
ALTA TENSIÓN	**ALTA TENSIONE** [alta ten'sjone]
PROHIBIDO BAÑARSE	**DIVIETO DI BALNEAZIONE** [di'vjeto di balnea'tsjone]
FUERA DE SERVICIO	**FUORI SERVIZIO** [fu'ori ser'vitsio]
INFLAMABLE	**INFIAMMABILE** [infjam'mabile]
PROHIBIDO	**VIETATO** [vje'tato]
PROHIBIDO EL PASO	**VIETATO L'ACCESSO** [vje'tato la'tʃesso]
RECIÉN PINTADO	**PITTURA FRESCA** [pitt'ura 'freska]
CERRADO POR RENOVACIÓN	**CHIUSO PER RESTAURO** [kjuzo per res'tauro]
EN OBRAS	**LAVORI IN CORSO** [la'vori in 'korso]
DESVÍO	**DEVIAZIONE** [devia'tsjone]

Transporte. Frases generales

el avión	**aereo** [a'ereo]
el tren	**treno** [treno]
el bus	**autobus** [autobus]
el ferry	**traghetto** [tra'getto]
el taxi	**taxi** ['taksi]
el coche	**macchina** ['makkina]

el horario	**orario** [o'rario]
¿Dónde puedo ver el horario?	**Dove posso vedere l'orario?** [dove 'posso ve'dere lo'rario?]
días laborables	**giorni feriali** [dʒorni fe'rjali]
fines de semana	**sabato e domenica** [sabato e do'menika]
días festivos	**giorni festivi** [dʒorni fe'stivi]

SALIDA	**PARTENZA** [par'tentsa]
LLEGADA	**ARRIVO** [ar'rivo]
RETRASADO	**IN RITARDO** [in ri'tardo]
CANCELADO	**CANCELLATO** [kantʃelllato]

siguiente (tren, etc.)	**il prossimo** [il 'prossimo]
primero	**il primo** [il 'primo]
último	**l'ultimo** [lultimo]

¿Cuándo pasa el siguiente ...?	**Quando è il prossimo ...?** [kwando e il 'prossimo ...?]
¿Cuándo pasa el primer ...?	**Quando è il primo ...?** [kwando e il 'primo ...?]

¿Cuándo pasa el último …?

Quando è l'ultimo …?
[kwando e 'lultimo …?]

el trasbordo (cambio de trenes, etc.)

scalo
[skalo]

hacer un trasbordo

effettuare uno scalo
[efettu'are 'uno 'skalo]

¿Tengo que hacer un trasbordo?

Devo cambiare?
[devo kam'bjare?]

Comprar billetes

¿Dónde puedo comprar un billete?	**Dove posso comprare i biglietti?** [dove 'posso kom'prare i biʎ'ʎeti?]
el billete	**biglietto** [biʎ'ʎetto]
comprar un billete	**comprare un biglietto** [kom'prare un biʎ'ʎetto]
precio del billete	**il prezzo del biglietto** [il 'prettso del biʎ'ʎetto]

¿Para dónde?	**Dove?** [dove?]
¿A qué estación?	**In quale stazione?** [in 'kwale sta'tsjone?]
Necesito …	**Avrei bisogno di …** [av'rej bi'zoɲo di …]
un billete	**un biglietto** [un biʎ'ʎetto]
dos billetes	**due biglietti** [due biʎ'ʎeti]
tres billetes	**tre biglietti** [tre biʎ'ʎeti]

sólo ida	**solo andata** [solo an'data]
ida y vuelta	**andata e ritorno** [an'data e ri'torno]
en primera (primera clase)	**prima classe** [prima 'klasse]
en segunda (segunda clase)	**seconda classe** [se'konda 'klasse]

hoy	**oggi** [odʒi]
mañana	**domani** [do'mani]
pasado mañana	**dopodomani** [dopodo'mani]
por la mañana	**la mattina** [la mat'tina]
por la tarde	**nel pomeriggio** [nel pome'ridʒo]
por la noche	**la sera** [la 'sera]

asiento de pasillo	**posto lato corridoio** [posto 'lato korri'dojo]
asiento de ventanilla	**posto lato finestrino** [posto 'lato fine'strino]
¿Cuánto cuesta?	**Quanto?** [kwanto?]
¿Puedo pagar con tarjeta?	**Posso pagare con la carta di credito?** [posso pa'gare kon la 'karta di 'kredito?]

Autobús

el autobús	**autobus** [autobus]
el autobús interurbano	**autobus interurbano** [autobus interur'bano]
la parada de autobús	**fermata dell'autobus** [fer'mata dell 'autobus]
¿Dónde está la parada de autobuses más cercana?	**Dov'è la fermata dell'autobus più vicina?** [dov'e la fer'mata dell 'autobus pju vi'ʧina?]
número	**numero** [numero]
¿Qué autobús tengo que tomar para ...?	**Quale autobus devo prendere per andare a ...?** [kwale 'autobus 'devo 'prendere per an'dare a ...?]
¿Este autobús va a ...?	**Questo autobus va a ...?** [kwesto 'autobus va a ...?]
¿Cada cuanto pasa el autobús?	**Qual'è la frequenza delle corse degli autobus?** [kwal e la fre'kwentsa 'delle 'korse 'deʎʎi 'autobus?]
cada 15 minutos	**ogni quindici minuti** [oɲi 'kwindiʧi mi'nuti]
cada media hora	**ogni mezzora** [oɲi med'dzora]
cada hora	**ogni ora** [oɲi 'ora]
varias veces al día	**più a volte al giorno** [pju a 'volte al 'dʒorno]
... veces al día	**... volte al giorno** [... 'volte al 'dʒorno]
el horario	**orario** [o'rario]
¿Dónde puedo ver el horario?	**Dove posso vedere l'orario?** [dove 'posso ve'dere lo'rario?]
¿Cuándo pasa el siguiente autobús?	**Quando passa il prossimo autobus?** [kwando 'passa il 'prossimo 'autobus?]
¿Cuándo pasa el primer autobús?	**A che ora è il primo autobus?** [a ke 'ora e il 'primo 'autobus?]
¿Cuándo pasa el último autobús?	**A che ora è l'ultimo autobus?** [a ke 'ora e 'lultimo 'autobus?]

la parada

fermata
[fer'mata]

la siguiente parada

prossima fermata
[prossima fer'mata]

la última parada

ultima fermata
[ultima fer'mata]

Pare aquí, por favor.

Può fermarsi qui, per favore.
[pu'o fer'marsi kwi, per fa'vore]

Perdone, esta es mi parada.

Mi scusi, questa è la mia fermata.
[mi 'skuzi, 'kwesta e la 'mia fer'mata]

Tren

el tren	**treno** [treno]
el tren de cercanías	**treno locale** [treno lo'kale]
el tren de larga distancia	**treno a lunga percorrenza** [treno a 'lunga perkor'rentsa]
la estación de tren	**stazione** [sta'tsjone]
Perdone, ¿dónde está la salida al anden?	**Mi scusi, dov'è l'uscita per il binario?** [mi 'skuzi, dov'e lu'ʃita per il binario?]

¿Este tren va a ...?	**Questo treno va a ...?** [kwesto 'treno va a ...?]
el siguiente tren	**il prossimo treno** [il 'prossimo 'treno]
¿Cuándo pasa el siguiente tren?	**Quando è il prossimo treno?** [kwando e il 'prossimo 'treno?]
¿Dónde puedo ver el horario?	**Dove posso vedere l'orario?** [dove 'posso ve'dere lo'rario?]
¿De qué andén?	**Da quale binario?** [da 'kwale bi'nario?]
¿Cuándo llega el tren a ...?	**Quando il treno arriva a ... ?** [kwando il 'treno ar'riva a ...?]

Ayudeme, por favor.	**Mi può aiutare, per favore.** [mi pu'o aju'tare, per fa'vore]
Busco mi asiento.	**Sto cercando il mio posto.** [sto tʃer'kando il 'mio 'posto]
Buscamos nuestros asientos.	**Stiamo cercando i nostri posti.** [stjamo tʃer'kando i 'nostri 'posti]
Mi asiento está ocupado.	**Il mio posto è occupato.** [il 'mio 'posto e okku'pato]
Nuestros asientos están ocupados.	**I nostri posti sono occupati.** [i 'nostri 'posti 'sono okku'pati]

Perdone, pero ese es mi asiento.	**Mi scusi, ma questo è il mio posto.** [mi 'skwzi, ma 'kwesto e il 'mio 'posto]
¿Está libre?	**E' occupato?** [e okku'pato?]
¿Puedo sentarme aquí?	**Posso sedermi qui?** [posso se'dermi kwi?]

En el tren. Diálogo (Sin billete)

Su billete, por favor.

Biglietto per favore.
[biʎ'ʎetto per fa'vore]

No tengo billete.

Non ho il biglietto.
[non 'o il biʎ'ʎetto]

He perdido mi billete.

Ho perso il biglietto.
[o 'perso il biʎ'ʎetto]

He olvidado mi billete en casa.

Ho dimenticato il biglietto a casa.
[o dimenti'kato il biʎ'ʎetto a 'kaza]

Le puedo vender un billete.

Può acquistare il biglietto da me.
[pu'o akwi'stare il biʎ'ʎetto da 'me]

También deberá pagar una multa.

Deve anche pagare una multa.
[deve 'aŋke pa'gare 'una 'multa]

Vale.

Va bene.
[va 'bene]

¿A dónde va usted?

Dove va?
[dove va?]

Voy a ...

Vado a ...
[vado a ...]

¿Cuánto es? No lo entiendo.

Quanto? Non capisco.
[kwanto? non ka'pisko]

Escríbalo, por favor.

Lo può scrivere, per favore?
[lo pu'o 'skrivere, per fa'vore]

Vale. ¿Puedo pagar con tarjeta?

D'accordo. Posso pagare con la carta di credito?
[dak'kordo. 'posso pa'gare kon la 'karta di 'kredito?]

Sí, puede.

Si.
[si]

Aquí está su recibo.

Ecco la sua ricevuta.
[ekko la 'sua ritʃe'vuta]

Disculpe por la multa.

Mi dispiace per la multa.
[mi dis'pjatʃe per la 'multa]

No pasa nada. Fue culpa mía.

Va bene così. È stata colpa mia.
[va 'bene ko'si. e 'stata 'kolpa 'mia]

Disfrute su viaje.

Buon viaggio.
[bu'on 'vjadʒo]

Taxi

taxi	**taxi** ['taksi]
taxista	**tassista** [tas'sista]
coger un taxi	**prendere un taxi** [prendere un 'taksi]
parada de taxis	**posteggio taxi** [pos'tedʒo 'taksi]
¿Dónde puedo coger un taxi?	**Dove posso prendere un taxi?** [dove 'posso 'prendere un 'taksi?]
llamar a un taxi	**chiamare un taxi** [kja'mare un 'taksi]
Necesito un taxi.	**Ho bisogno di un taxi.** [o bi'zoɲo di un 'taksi]
Ahora mismo.	**Adesso.** [a'desso]
¿Cuál es su dirección?	**Qual'è il suo indirizzo?** [kwal e il 'suo indi'rittso?]
Mi dirección es ...	**Il mio indirizzo è ...** [il 'mio indi'rittso e ...]
¿Cuál es el destino?	**La sua destinazione?** [la 'sua destina'tsjone?]

Perdone, ...	**Mi scusi, ...** [mi 'skuzi, ...]
¿Está libre?	**E' libero?** [e 'libero?]
¿Cuánto cuesta ir a ...?	**Quanto costa andare a ...?** [kwanto 'kosta an'dare a ...?]
¿Sabe usted dónde está?	**Sapete dove si trova?** [sa'pete 'dove si 'trova?]

Al aeropuerto, por favor.	**All'aeroporto, per favore.** [all aero'porto, per fa'vore]
Pare aquí, por favor.	**Si fermi qui, per favore.** [si 'fermi kwi, per fa'vore]
No es aquí.	**Non è qui.** [non e kwi]
La dirección no es correcta.	**È l'indirizzo sbagliato.** [e lindi'rittso zbaʎ'ʎato]
Gire a la izquierda.	**Giri a sinistra.** [dʒiri a si'nistra]
Gire a la derecha.	**Giri a destra.** [dʒiri a 'destra]

¿Cuánto le debo?	**Quanto le devo?** [kwanto le 'devo?]
¿Me da un recibo, por favor?	**Potrei avere una ricevuta, per favore.** [po'trej a'vere 'una riʧe'vuta, per fa'vore]
Quédese con el cambio.	**Tenga il resto.** [tenga il 'resto]

Espéreme, por favor.	**Può aspettarmi, per favore?** [pu'o aspe'tarmi, per fa'vore?]
cinco minutos	**cinque minuti** [ʧinkwe mi'nuti]
diez minutos	**dieci minuti** ['djeʧi mi'nuti]
quince minutos	**quindici minuti** [kwindiʧi mi'nuti]
veinte minutos	**venti minuti** [venti mi'nuti]
media hora	**mezzora** [med'dzora]

Hotel

Hola.	**Salve.** [salve]
Me llamo …	**Mi chiamo …** [mi 'kjamo …]
Tengo una reserva.	**Ho prenotato una camera.** [o preno'tato 'una 'kamera]

Necesito …	**Ho bisogno di …** [o bi'zoɲo di …]
una habitación individual	**una camera singola** [una 'kamera 'singola]
una habitación doble	**una camera doppia** [una 'kamera 'doppia]
¿Cuánto cuesta?	**Quanto costa questo?** [kwanto 'kosta 'kwesto?]
Es un poco caro.	**È un po' caro.** [e un 'po 'karo]

¿Tiene alguna más?	**Avete qualcos'altro?** [a'vete kwal'koz 'altro?]
Me quedo.	**La prendo.** [la 'prendo]
Pagaré en efectivo.	**Pago in contanti.** [pago in kon'tanti]

Tengo un problema.	**Ho un problema.** [o un pro'blema]
Mi … no funciona.	**Il mio … è rotto /La mia … è rotta/** [il 'mio … e 'rotto /la 'mia … e 'rotta/]
Mi … está fuera de servicio.	**Il mio /La mia/ … è fuori servizio.** [il 'mio /la 'mia/ … e fu'ori ser'vitsio]
televisión	**televisore** [televi'zore]
aire acondicionado	**condizionatore** [konditsiona'tore]
grifo	**rubinetto** [rubi'netto]

ducha	**doccia** [dotʃa]
lavabo	**lavandino** [lavan'dino]
caja fuerte	**cassa forte** [kassa 'forte]

cerradura	**serratura** [serra'tura]
enchufe	**presa elettrica** [preza e'lettrika]
secador de pelo	**asciugacapelli** [aʃuga·ka'pelli]

No tengo …	**Non ho …** [non o …]
agua	**l'acqua** [lakwa]
luz	**la luce** [la 'lutʃe]
electricidad	**l'elettricità** [leletritʃi'ta]

¿Me puede dar …?	**Può darmi …?** [pu'o 'darmi …?]
una toalla	**un asciugamano** [un aʃuga'mano]
una sábana	**una coperta** [una ko'perta]
unas chanclas	**delle pantofole** [delle pan'tofole]
un albornoz	**un accappatoio** [un akkappa'tojo]
un champú	**dello shampoo** [dello 'ʃampo]
jabón	**del sapone** [del sa'pone]

Quisiera cambiar de habitación.	**Vorrei cambiare la camera.** [vor'rej kam'bjare la 'kamera]
No puedo encontrar mi llave.	**Non trovo la chiave.** [non 'trovo la 'kjave]
Por favor abra mi habitación.	**Potrebbe aprire la mia camera, per favore?** [po'trebbe a'prire la mia 'kamera, per fa'vore?]
¿Quién es?	**Chi è?** [ki 'e?]
¡Entre!	**Avanti!** [a'vanti!]
¡Un momento!	**Un attimo!** [un 'attimo!]

Ahora no, por favor.	**Non adesso, per favore.** [non a'desso, per fa'vore]
Venga a mi habitación, por favor.	**Può venire nella mia camera, per favore.** [pu'o ve'nire 'nella 'mia 'kamera, per fa'vore]

Quisiera hacer un pedido.

Vorrei ordinare qualcosa da mangiare.
[vor'rej ordi'nare kwal'koza da man'dʒare]

Mi número de habitación es ...

Il mio numero di camera è ...
[il 'mio 'numero di 'kamera e ...]

Me voy ...

Parto ...
[parto ...]

Nos vamos ...

Partiamo ...
[par'tjamo ...]

Ahora mismo

adesso
[a'desso]

esta tarde

questo pomeriggio
[kwesto pome'ridʒo]

esta noche

stasera
[sta'sera]

mañana

domani
[do'mani]

mañana por la mañana

domani mattina
[do'mani mat'tina]

mañana por la noche

domani sera
[do'mani 'sera]

pasado mañana

dopodomani
[dopodo'mani]

Quisiera pagar la cuenta.

Vorrei pagare.
[vor'rej sal'dare il 'konto]

Todo ha estado estupendo.

È stato tutto magnifico.
[e 'stato 'tutto ma'ɲifiko]

¿Dónde puedo coger un taxi?

Dove posso prendere un taxi?
[dove 'posso 'prendere un 'taksi?]

¿Puede llamarme un taxi, por favor?

Potrebbe chiamarmi un taxi, per favore?
[po'trebbe kja'marmi un 'taksi, per fa'vore?]

Restaurante

¿Puedo ver el menú, por favor?	**Posso vedere il menù, per favore?** [posso ve'dere il me'nu, per fa'vore?]
Mesa para uno.	**Un tavolo per una persona.** [un 'tavolo per 'uno per'sona]
Somos dos (tres, cuatro).	**Siamo in due (tre, quattro).** [sjamo in 'due (tre, 'kwattro)]

Para fumadores	**Fumatori** [fuma'tori]
Para no fumadores	**Non fumatori** [non fuma'tori]
¡Por favor! (llamar al camarero)	**Mi scusi!** [mi 'skuzi!]
la carta	**il menù** [il me'nu]
la carta de vinos	**la lista dei vini** [la 'lista 'dei 'vini]
La carta, por favor.	**Posso avere il menù, per favore.** [posso a'vere il me'nu, per fa'vore]

¿Está listo para pedir?	**È pronto per ordinare?** [e 'pronto per ordi'nare?]
¿Qué quieren pedir?	**Cosa gradisce?** [koza gra'diʃe?]
Yo quiero …	**Prendo …** [prendo …]

Soy vegetariano.	**Sono vegetariano /vegetariana/.** [sono vedʒeta'rjano /vedʒeta'rjana/]
carne	**carne** [karne]
pescado	**pesce** [peʃe]
verduras	**verdure** [ver'dure]
¿Tiene platos para vegetarianos?	**Avete dei piatti vegetariani?** [a'vete 'dei 'pjatti vedʒeta'rjani?]
No como cerdo.	**Non mangio carne di maiale.** [non 'mandʒo 'karne di ma'jale]
Él /Ella/ no come carne.	**Lui /lei/ non mangia la carne.** [lui /'lei/ non 'mandʒa la 'karne]
Soy alérgico a …	**Sono allergico a …** [sono al'lerdʒiko a …]

¿Me puede traer ..., por favor?

Potrebbe portarmi ...
[po'trebbe por'tarmi ...]

sal | pimienta | azúcar

del sale | del pepe | dello zucchero
[del 'sale | del 'pepe | 'dello 'tsukkero]

café | té | postre

un caffè | un tè | un dolce
[un ka'fe | un te | un 'doltʃe]

agua | con gas | sin gas

dell'acqua | frizzante | naturale
[dell 'akwa | frid'dzante | natu'rale]

una cuchara | un tenedor | un cuchillo

**un cucchiaio | una forchetta |
un coltello**
[un kuk'kjajo | una for'ketta |
un kol'tello]

un plato | una servilleta

un piatto | un tovagliolo
[un 'pjatto | un tovaʎ'ʎolo]

¡Buen provecho!

Buon appetito!
[bu'on appe'tito!]

Uno más, por favor.

Un altro, per favore.
[un 'altro, per fa'vore]

Estaba delicioso.

È stato squisito.
[e 'stato skwi'zito]

---

la cuenta | el cambio | la propina

il conto | il resto | la mancia
[il 'konto | il 'resto | la 'mantʃa]

La cuenta, por favor.

Il conto, per favore.
[il 'konto, per fa'vore]

¿Puedo pagar con tarjeta?

Posso pagare con la carta di credito?
[posso pa'gare kon la 'karta di 'kredito?]

Perdone, aquí hay un error.

Mi scusi, c'è un errore.
[mi 'skuzi, tʃe un er'rore]

De Compras

¿Puedo ayudarle?

Posso aiutarla?
[posso aju'tarla?]

¿Tiene ...?

Avete ...?
[a'vete ...?]

Busco ...

Sto cercando ...
[sto tʃer'kando ...]

Necesito ...

Ho bisogno di ...
[o bi'zoɲo di ...]

Sólo estoy mirando.

Sto guardando.
[sto gwar'dando]

Sólo estamos mirando.

Stiamo guardando.
[stjamo gwar'dando]

Volveré más tarde.

Ripasserò più tardi.
[ripasse'ro pju 'tardi]

Volveremos más tarde.

Ripasseremo più tardi.
[ripasse'remo pju 'tardi]

descuentos | oferta

sconti | saldi
[skonti | 'saldi]

Por favor, enséñeme ...

Per favore, mi può far vedere ...?
[per fa'vore, mi pu'o far ve'dere ...?]

¿Me puede dar ..., por favor?

Per favore, potrebbe darmi ...
[per fa'vore, po'trebbe 'darmi ...]

¿Puedo probarmelo?

Posso provarlo?
[posso pro'varlo?]

Perdone, ¿dónde están los probadores?

Mi scusi, dov'è il camerino?
[mi 'skuzi, dov'e il kame'rino?]

¿Qué color le gustaría?

Che colore desidera?
[ke ko'lore de'zidera?]

la talla | el largo

taglia | lunghezza
[taʎʎa | lun'gettsa]

¿Cómo le queda? (¿Está bien?)

Come le sta?
[kome le sta?]

¿Cuánto cuesta esto?

Quanto costa questo?
[kwanto 'kosta 'kwesto?]

Es muy caro.

È troppo caro.
[e 'troppo 'karo]

Me lo llevo.

Lo prendo.
[lo 'prendo]

Perdone, ¿dónde está la caja?

Mi scusi, dov'è la cassa?
[mi 'skuzi, dov'e la 'kassa?]

¿Pagará en efectivo o con tarjeta?

Paga in contanti o con carta di credito?
[paga in kon'tanti o kon 'karta di 'kredito?]

en efectivo | con tarjeta

In contanti | con carta di credito
[in kon'tanti | kon 'karta di 'kredito]

¿Quiere el recibo?

Vuole lo scontrino?
[vu'ole lo skon'trino?]

Sí, por favor.

Sì, grazie.
[si, 'gratsie]

No, gracias.

No, va bene così.
[no, va 'bene ko'zi]

Gracias. ¡Que tenga un buen día!

Grazie. Buona giornata!
[gratsie. bu'ona dʒor'nata!]

En la ciudad

Perdone, por favor.
Mi scusi, per favore ...
[mi 'skuzi, per fa'vore ...]

Busco ...
Sto cercando ...
[sto tʃer'kando ...]

el metro
la metropolitana
[la metropoli'tana]

mi hotel
il mio albergo
[il 'mio al'bergo]

el cine
il cinema
[il 'tʃinema]

una parada de taxis
il posteggio taxi
[il po'stedʒo 'taksi]

un cajero automático
un bancomat
[un 'bankomat]

una oficina de cambio
un ufficio dei cambi
[un uf'fitʃio 'dei 'kambi]

un cibercafé
un internet café
[un inter'net ka'fe]

la calle ...
via ...
[via ...]

este lugar
questo posto
[kwesto 'posto]

¿Sabe usted dónde está ...?
Sa dove si trova ...?
[sa 'dove si 'trova ...?]

¿Cómo se llama esta calle?
Come si chiama questa via?
[kome si 'kjama 'kwesta 'via?]

Muestreme dónde estamos ahora.
Può mostrarmi dove ci troviamo?
[pu'o mo'strarmi 'dove tʃi tro'vjamo]

¿Puedo llegar a pie?
Posso andarci a piedi?
[posso an'dartʃi a 'pjedi?]

¿Tiene un mapa de la ciudad?
Avete la piantina della città?
[a'vete la pjan'tina 'della tʃitta?]

¿Cuánto cuesta la entrada?
Quanto costa un biglietto?
[kwanto 'kosta un biʎ'ʎetto?]

¿Se pueden hacer fotos aquí?
Si può fotografare?
[si pu'o fotogra'fare?]

¿Está abierto?
E' aperto?
[e a'perto?]

¿A qué hora abren?   **Quando aprite?**
[kwando a'prite?]

¿A qué hora cierran?   **Quando chiudete?**
[kwando kju'dete?]

Dinero

dinero	**Soldi** [soldi]
efectivo	**contanti** [kon'tanti]
billetes	**banconote** [banko'note]
monedas	**monete** [mo'nete]
la cuenta | el cambio | la propina	**conto | resto | mancia** [konto | 'resto | 'mantʃa]

la tarjeta de crédito	**carta di credito** [karta di 'kredito]
la cartera	**portafoglio** [porta·'foʎʎo]
comprar	**comprare** [kom'prare]
pagar	**pagare** [pa'gare]
la multa	**multa** [multa]
gratis	**gratuito** [gratu'ito]

¿Dónde puedo comprar ...?	**Dove posso comprare ...?** [dove 'posso kom'prare ...?]
¿Está el banco abierto ahora?	**La banca è aperta adesso?** [la 'banka e a'perta a'desso?]
¿A qué hora abre?	**Quando apre?** [kwando 'apre?]
¿A qué hora cierra?	**Quando chiude?** [kwando 'kjude?]

¿Cuánto cuesta?	**Quanto costa?** [kwanto 'kosta?]
¿Cuánto cuesta esto?	**Quanto costa questo?** [kwanto 'kosta 'kwesto?]
Es muy caro.	**È troppo caro.** [e 'troppo 'karo]

Perdone, ¿dónde está la caja?	**Scusi, dov'è la cassa?** [skuzi, dov'e la 'kassa?]
La cuenta, por favor.	**Il conto, per favore.** [il 'konto, per fa'vore]

¿Puedo pagar con tarjeta?

Posso pagare con la carta di credito?
[posso pa'gare kon la 'karta di 'kredito?]

¿Hay un cajero por aquí?

C'è un bancomat?
[tʃe un 'bankomat?]

Busco un cajero automático.

Sto cercando un bancomat.
[sto tʃer'kando un 'bankomat]

Busco una oficina de cambio.

Sto cercando un ufficio dei cambi.
[sto tʃer'kando un uf'fitʃio dei 'kambi]

Quisiera cambiar …

Vorrei cambiare …
[vor'rej kam'bjare …]

¿Cuál es el tipo de cambio?

Quanto è il tasso di cambio?
[kwanto e il 'tasso di 'kambio]

¿Necesita mi pasaporte?

Ha bisogno del mio passaporto?
[a bi'zoɲo del 'mio passa'porto?]

Tiempo

¿Qué hora es?	**Che ore sono?** [ke 'ore 'sono?]
¿Cuándo?	**Quando?** [kwando?]
¿A qué hora?	**A che ora?** [a ke 'ora?]
ahora | luego | después de ...	**adesso | più tardi | dopo ...** [a'desso | pju 'tardi | 'dopo ...]
la una	**l'una** [luna]
la una y cuarto	**l'una e un quarto** [luna e un 'kwarto]
la una y medio	**l'una e trenta** [luna e 'trenta]
las dos menos cuarto	**l'una e quarantacinque** [luna e kwa'ranta 'tʃinkwe]
una | dos | tres	**uno | due | tre** [uno | 'due | tre]
cuatro | cinco | seis	**quattro | cinque | sei** [kwattro | 'tʃinkwe | sej]
siete | ocho | nueve	**sette | otto | nove** [sette | 'otto | 'nove]
diez | once | doce	**dieci | undici | dodici** [djetʃi | 'unditʃi | 'doditʃi]
en ...	**fra ...** [fra ...]
cinco minutos	**cinque minuti** [tʃinkwe mi'nuti]
diez minutos	**dieci minuti** ['djetʃi mi'nuti]
quince minutos	**quindici minuti** [kwinditʃi mi'nuti]
veinte minutos	**venti minuti** [venti mi'nuti]
media hora	**mezzora** [med'dzora]
una hora	**un'ora** [un 'ora]
por la mañana	**la mattina** [la mat'tina]

por la mañana temprano	**la mattina presto** [la mat'tina 'presto]
esta mañana	**questa mattina** [kwesta mat'tina]
mañana por la mañana	**domani mattina** [do'mani mat'tina]

al mediodía	**all'ora di pranzo** [all 'ora di 'prantso]
por la tarde	**nel pomeriggio** [nel pome'ridʒo]
por la noche	**la sera** [la 'sera]
esta noche	**stasera** [sta'sera]

por la noche	**la notte** [la 'notte]
ayer	**ieri** ['jeri]
hoy	**oggi** [odʒi]
mañana	**domani** [do'mani]
pasado mañana	**dopodomani** [dopodo'mani]

¿Qué día es hoy?	**Che giorno è oggi?** [ke 'dʒorno e 'odʒi?]
Es ...	**Oggi è ...** [odʒi e ...?]
lunes	**lunedì** [lune'di]
martes	**martedì** [marte'di]
miércoles	**mercoledì** [merkole'di]

jueves	**giovedì** [dʒove'di]
viernes	**venerdì** [vener'di]
sábado	**sabato** [sabato]
domingo	**domenica** [do'menika]

Saludos. Presentaciones.

Hola.	**Salve.** [salve]
Encantado /Encantada/ de conocerle.	**Lieto di conoscerla.** [leto di ko'noʃerla]
Yo también.	**Il piacere è mio.** [il pja'tʃere e 'mio]
Le presento a ...	**Vi presento ...** [vi pre'zento ...]
Encantado.	**Molto piacere.** [molto pja'tʃere]

¿Cómo está?	**Come sta?** [kome sta?]
Me llamo ...	**Mi chiamo ...** [mi 'kjamo ...]
Se llama ...	**Si chiama ...** [si 'kjama ...]
Se llama ...	**Si chiama ...** [si 'kjama ...]
¿Cómo se llama (usted)?	**Come si chiama?** [kome si 'kjama?]
¿Cómo se llama (él)?	**Come si chiama lui?** [kome si 'kjama 'lui?]
¿Cómo se llama (ella)?	**Come si chiama lei?** [kome si 'kjama 'lei?]

¿Cuál es su apellido?	**Qual'è il suo cognome?** [kwal e 'suo ko'ɲome?]
Puede llamarme ...	**Può chiamarmi ...** [pu'o kja'marmi ...]
¿De dónde es usted?	**Da dove viene?** [da 'dove 'vjene?]
Yo soy de	**Vengo da ...** [vengo da ...]
¿A qué se dedica?	**Che lavoro fa?** [ke la'voro 'fa?]
¿Quién es?	**Chi è?** [ki 'e?]
¿Quién es él?	**Chi è lui?** [ki e 'lui?]
¿Quién es ella?	**Chi è lei?** [ki e 'lei?]
¿Quiénes son?	**Chi sono loro?** [ki 'sono 'loro?]

Este es ...	**Questo /Questa/ è ...** [kwesto /'kwesta/ e ...]
mi amigo	**il mio amico** [il 'mio a'miko]
mi amiga	**la mia amica** [la 'mia a'mika]
mi marido	**mio marito** [mio ma'rito]
mi mujer	**mia moglie** [mia 'moʎʎe]
mi padre	**mio padre** [mio 'padre]
mi madre	**mia madre** [mia 'madre]
mi hermano	**mio fratello** [mio fra'tello]
mi hermana	**mia sorella** [mia so'rella]
mi hijo	**mio figlio** [mio 'fiʎʎo]
mi hija	**mia figlia** [mia 'fiʎʎa]
Este es nuestro hijo.	**Questo è nostro figlio.** [kwesto e 'nostro 'fiʎʎo]
Esta es nuestra hija.	**Questa è nostra figlia.** [kwesta e 'nostra 'fiʎʎa]
Estos son mis hijos.	**Questi sono i miei figli.** [kwesti 'sono i 'mjei 'fiʎʎi]
Estos son nuestros hijos.	**Questi sono i nostri figli.** [kwesti 'sono i 'nostri 'fiʎʎi]

Despedidas

¡Adiós!	**Arrivederci!** [arrive'dertʃi!]
¡Chau!	**Ciao!** [tʃao!]
Hasta mañana.	**A domani.** [a do'mani]
Hasta pronto.	**A presto.** [a 'presto]
Te veo a las siete.	**Ci vediamo alle sette.** [tʃi ve'djamo 'alle 'sette]
¡Que se diviertan!	**Divertitevi!** [diverti'tevi!]
Hablamos más tarde.	**Ci sentiamo più tardi.** [tʃi sen'tjamo 'pju 'tardi]
Que tengas un buen fin de semana.	**Buon fine settimana.** [bu'on 'fine setti'mana]
Buenas noches.	**Buona notte** [bu'ona 'notte]
Es hora de irme.	**Adesso devo andare.** [a'desso 'devo an'dare]
Tengo que irme.	**Devo andare.** [devo an'dare]
Ahora vuelvo.	**Torno subito.** [torno 'subito]
Es tarde.	**È tardi.** [e 'tardi]
Tengo que levantarme temprano.	**Domani devo alzarmi presto.** [do'mani 'devo al'tsarmi 'presto]
Me voy mañana.	**Parto domani.** [parto do'mani]
Nos vamos mañana.	**Partiamo domani.** [par'tjamo do'mani]
¡Que tenga un buen viaje!	**Buon viaggio!** [bu'on 'vjadʒo!]
Ha sido un placer.	**È stato un piacere conoscerla.** [e 'stato un pja'tʃere di ko'noʃerla]
Fue un placer hablar con usted.	**È stato un piacere parlare con lei.** [e 'stato un pja'tʃere par'lare kon lej]
Gracias por todo.	**Grazie di tutto.** [gratsie di 'tutto]

Lo he pasado muy bien.

Mi sono divertito.
[mi 'sono diver'tito]

Lo pasamos muy bien.

Ci siamo divertiti.
[tʃi 'sjamo di'vertiti]

Fue genial.

È stato straordinario.
[e 'stato straordi'nario]

Le voy a echar de menos.

Mi mancherà.
[mi maŋke'ra]

Le vamos a echar de menos.

Ci mancherà.
[tʃi maŋke'ra]

¡Suerte!

Buona fortuna!
[bu'ona for'tuna!]

Saludos a …

Mi saluti …
[mi sa'luti …]

Idioma extranjero

No entiendo.	**Non capisco.** [non ka'pisko]
Escríbalo, por favor.	**Lo può scrivere, per favore?** [lo pu'o 'skrivere, per fa'vore]
¿Habla usted ...?	**Parla ...?** [parla ...?]

Hablo un poco de ...	**Parlo un po' ...** [parlo un po ...]
inglés	**inglese** [in'gleze]
turco	**turco** [turko]
árabe	**arabo** [arabo]
francés	**francese** [fran'tʃeze]

alemán	**tedesco** [te'desko]
italiano	**italiano** [ita'ljano]
español	**spagnolo** [spa'ɲolo]
portugués	**portoghese** [porto'geze]
chino	**cinese** [tʃi'neze]
japonés	**giapponese** [dʒappo'neze]

¿Puede repetirlo, por favor?	**Può ripetere, per favore.** [pu'o ri'petere, per fa'vore]
Lo entiendo.	**Capisco.** [ka'pisko]
No entiendo.	**Non capisco.** [non ka'pisko]
Hable más despacio, por favor.	**Può parlare più piano, per favore.** [pu'o par'lare pju 'pjano, per fa'vore]

¿Está bien?	**È corretto?** [e kor'retto?]
¿Qué es esto? (¿Que significa esto?)	**Cos'è questo?** [koz e 'kwesto?]

Disculpas

Perdone, por favor.

Mi scusi, per favore.
[mi 'skuzi, per fa'vore]

Lo siento.

Mi dispiace.
[mi dis'pjatʃe]

Lo siento mucho.

Mi dispiace molto.
[mi dis'pjatʃe 'molto]

Perdón, fue culpa mía.

Mi dispiace, è colpa mia.
[mi dis'pjatʃe, e 'kolpa 'mia]

Culpa mía.

È stato un mio errore.
[e 'stato un 'mio er'rore]

¿Puedo …?

Posso …?
[posso …?]

¿Le molesta si …?

Le dispiace se …?
[le dis'pjatʃe se …?]

¡No hay problema! (No pasa nada.)

Non fa niente.
[non fa 'njente]

Todo está bien.

Tutto bene.
[tutto 'bene]

No se preocupe.

Non si preoccupi.
[non si pre'okkupi]

Acuerdos

Sí. | **Sì.**
[si]

Sí, claro. | **Sì, certo.**
[si, 'ʧerto]

Bien. | **Bene.**
[bene]

Muy bien. | **Molto bene.**
[molto 'bene]

¡Claro que sí! | **Certamente!**
[ʧerta'mente!]

Estoy de acuerdo. | **Sono d'accordo.**
[sono dak'kordo]

Es verdad. | **Esatto.**
[e'satto]

Es correcto. | **Giusto.**
[ʤusto]

Tiene razón. | **Ha ragione.**
[a ra'ʤone]

No me molesta. | **È lo stesso.**
[e lo 'stesso]

Es completamente cierto. | **È assolutamente corretto.**
[e assoluta'mente kor'retto]

Es posible. | **È possibile.**
[e pos'sibile]

Es una buena idea. | **È una buona idea.**
[e 'una bu'ona i'dea]

No puedo decir que no. | **Non posso dire di no.**
[non 'posso 'dire di no]

Estaré encantado /encantada/. | **Ne sarei lieto.**
[ne sa'rei 'leto]

Será un placer. | **Con piacere.**
[kon pja'ʧere]

Rechazo. Expresar duda

No.

No.
[no]

Claro que no.

Sicuramente no.
[sikura'mente no]

No estoy de acuerdo.

Non sono d'accordo.
[non 'sono dak'kordo]

No lo creo.

Non penso.
[non 'penso]

No es verdad.

Non è vero.
[non e 'vero]

No tiene razón.

Si sbaglia.
[si 'zbaʎʎa]

Creo que no tiene razón.

Penso che lei si stia sbagliando.
[penso ke 'lei si stia zbaʎ'ʎando]

No estoy seguro /segura/.

Non sono sicuro.
[non 'sono si'kuro]

No es posible.

È impossibile.
[e impos'sibile]

¡Nada de eso!

Assolutamente no!
[assoluta'mente no!]

Justo lo contrario.

Esattamente il contrario!
[ezatta'mente al kon'trario!]

Estoy en contra de ello.

Sono contro.
[sono 'kontro]

No me importa. (Me da igual.)

Non m'interessa.
[non minte'ressa]

No tengo ni idea.

Non ne ho idea.
[non ne o i'dea]

Dudo que sea así.

Dubito che sia così.
[dubito ke 'sia ko'zi]

Lo siento, no puedo.

Mi dispiace, non posso.
[mi dis'pjatʃe, non 'posso]

Lo siento, no quiero.

Mi dispiace, non voglio.
[mi dis'pjatʃe, non 'voʎʎo]

Gracias, pero no lo necesito.

Non ne ho bisogno, grazie.
[non ne o bi'zoɲo, 'gratsie]

Ya es tarde.

È già tardi.
[e dʒa 'tardi]

Tengo que levantarme temprano.

Devo alzarmi presto.
[devo alts'armi 'presto]

Me encuentro mal.

Non mi sento bene.
[non mi 'sento 'bene]

Expresar gratitud

Gracias.	**Grazie.** [gratsie]
Muchas gracias.	**Grazie mille.** [gratsie 'mille]
De verdad lo aprecio.	**Le sono riconoscente.** [le 'sono rikono'ʃente]
Se lo agradezco.	**Le sono davvero grato.** [le 'sono dav'vero 'grato]
Se lo agradecemos.	**Le siamo davvero grati.** [le 'sjamo dav'vero 'grati]

Gracias por su tiempo.	**Grazie per la sua disponibilità.** [gratsie per la 'sua disponibili'ta]
Gracias por todo.	**Grazie di tutto.** [gratsie di 'tutto]
Gracias por ...	**Grazie per ...** [gratsie per ...]
su ayuda	**il suo aiuto** [il 'suo a'juto]
tan agradable momento	**il bellissimo tempo** [il bel'lissimo 'tempo]

una comida estupenda	**il delizioso pranzo** [il deli'tsjozo 'prantso]
una velada tan agradable	**la bella serata** [la 'bella se'rata]
un día maravilloso	**la bella giornata** [la 'bella dʒor'nata]
un viaje increíble	**la splendida gita** [la 'splendida 'dʒita]

No hay de qué.	**Non c'è di che.** [non tʃe di 'ke]
De nada.	**Prego.** [prego]
Siempre a su disposición.	**Con piacere.** [kon pja'tʃere]
Encantado /Encantada/ de ayudarle.	**È stato un piacere.** [e 'stato un pja'tʃere]
No hay de qué.	**Non ci pensi neanche.** [non tʃi 'pensi ne'aŋke]
No tiene importancia.	**Non si preoccupi.** [non si pre'okkupi]

Felicitaciones , Mejores Deseos

¡Felicidades!

Congratulazioni!
[kongratula'tsjoni!]

¡Feliz Cumpleaños!

Buon compleanno!
[bu'on komple'anno!]

¡Feliz Navidad!

Buon Natale!
[bu'on na'tale!]

¡Feliz Año Nuevo!

Felice Anno Nuovo!
[fe'litʃe 'anno nu'ovo!]

¡Felices Pascuas!

Buona Pasqua!
[bu'ona 'paskwa!]

¡Feliz Hanukkah!

Felice Hanukkah!
[fe'litʃe anu'ka!]

Quiero brindar.

Vorrei fare un brindisi.
[vor'rej 'fare un 'brindizi]

¡Salud!

Salute!
[sa'lute!]

¡Brindemos por ...!

Beviamo a ...!
[be'vjamo a ...!]

¡A nuestro éxito!

Al nostro successo!
[al 'nostro su'tʃesso!]

¡A su éxito!

Al suo successo!
[al 'suo su'tʃesso!]

¡Suerte!

Buona fortuna!
[bu'ona for'tuna!]

¡Que tenga un buen día!

Buona giornata!
[bu'ona dʒor'nata!]

¡Que tenga unas buenas vacaciones!

Buone vacanze!
[bu'one va'kantse!]

¡Que tenga un buen viaje!

Buon viaggio!
[bu'on 'vjadʒo!]

¡Espero que se recupere pronto!

Spero guarisca presto!
[spero gwa'riska 'presto!]

Socializarse

¿Por qué está triste?

Perché è triste?
[per'ke e 'triste?]

¡Sonría! ¡Anímese!

Sorrida!
[sor'rida!]

¿Está libre esta noche?

È libero stasera?
[e 'libero sta'sera?]

¿Puedo ofrecerle algo de beber?

Posso offrirle qualcosa da bere?
[posso of'frirle kwal'koza da 'bere?]

¿Querría bailar conmigo?

Vuole ballare?
[vu'ole bal'lare?]

Vamos a ir al cine.

Andiamo al cinema.
[an'djamo al 'tʃinema]

¿Puedo invitarle a ...?

Posso invitarla ...?
[posso invi'tarla ...?]

un restaurante

al ristorante
[al risto'rante]

el cine

al cinema
[al 'tʃinema]

el teatro

a teatro
[a te'atro]

dar una vuelta

a fare una passeggiata
[per 'fare 'una passe'dʒata]

¿A qué hora?

A che ora?
[a ke 'ora?]

esta noche

stasera
[sta'sera]

a las seis

alle sei
[alle 'sei]

a las siete

alle sette
[alle 'sette]

a las ocho

alle otto
[alle 'otto]

a las nueve

alle nove
[alle 'nove]

¿Le gusta este lugar?

Le piace qui?
[le 'pjatʃe kwi?]

¿Está aquí con alguien?

È qui con qualcuno?
[e kw'i kon kwal'kuno?]

Estoy con mi amigo /amiga/.

Sono con un amico /una amica/.
[sono kon un a'miko /'una a'mika/]

Estoy con amigos.	**Sono con i miei amici.** [sono kon i mjei a'mitʃi]
No, estoy solo /sola/.	**No, sono da solo /sola/.** [no, 'sono da 'solo /'sola/]

¿Tienes novio?	**Hai il ragazzo?** [ai il ra'gattso?]
Tengo novio.	**Ho il ragazzo.** [o il ra'gattso]
¿Tienes novia?	**Hai la ragazza?** [ai il ra'gattsa?]
Tengo novia.	**Ho la ragazza.** [o la ra'gattsa]

¿Te puedo volver a ver?	**Posso rivederti?** [posso rive'derti?]
¿Te puedo llamar?	**Posso chiamarti?** [posso kja'marti?]
Llámame.	**Chiamami.** ['kjamami]
¿Cuál es tu número?	**Qual'è il tuo numero?** [kwal e il 'tuo 'numero?]
Te echo de menos.	**Mi manchi.** [mi 'maŋki]

¡Qué nombre tan bonito!	**Ha un bel nome.** [a un bel 'nome]
Te quiero.	**Ti amo.** [ti 'amo]
¿Te casarías conmigo?	**Mi vuoi sposare?** [mi vu'oj spo'zare?]
¡Está de broma!	**Sta scherzando!** [sta sker'tsando!]
Sólo estoy bromeando.	**Sto scherzando.** [sto sker'tsando]

¿En serio?	**Lo dice sul serio?** [lo 'ditʃe sul 'serio?]
Lo digo en serio.	**Sono serio /seria/.** [sono 'serio /'seria/]
¿De verdad?	**Davvero?!** [dav'vero?!]
¡Es increíble!	**È incredibile!** [e inkre'dibile]
No le creo.	**Non le credo.** [non le 'kredo]
No puedo.	**Non posso.** [non 'posso]
No lo sé.	**No so.** [non so]
No le entiendo.	**Non la capisco.** [non la ka'pisko]

Váyase, por favor.

Per favore, vada via.
[per fa'vore, 'vada 'via]

¡Déjeme en paz!

Mi lasci in pace!
[mi 'laʃi in 'patʃe!]

Es inaguantable.

Non lo sopporto.
[non lo sop'porto]

¡Es un asqueroso!

Lei è disgustoso!
[lei e dizgu'stozo!]

¡Llamaré a la policía!

Chiamo la polizia!
[kjamo la poli'tsia!]

Compartir impresiones. Emociones

Me gusta.	**Mi piace.** [mi 'pjatʃe]
Muy lindo.	**Molto carino.** [molto ka'rino]
¡Es genial!	**È formidabile!** [e formi'dabile!]
No está mal.	**Non è male.** [non e 'male]

No me gusta.	**Non mi piace.** [non mi 'pjatʃe]
No está bien.	**Questo non è buono.** [kwesto non e bu'ono]
Está mal.	**È cattivo.** [e kat'tivo]
Está muy mal.	**È molto cattivo.** [e 'molto kat'tivo]
¡Qué asco!	**È disgustoso.** [e dizgu'stozo]

Estoy feliz.	**Sono felice.** [sono fe'litʃe]
Estoy contento /contenta/.	**Sono contento /contenta/.** [sono kon'tento /kon'tenta/]
Estoy enamorado /enamorada/.	**Sono innamorato /innamorata/.** [sono innamo'rato /innamo'rata/]
Estoy tranquilo.	**Sono calmo /calma/.** [sono 'kalmo /'kalma/]
Estoy aburrido.	**Sono annoiato /annoiata/.** [sono anno'jato /anno'jata/]

Estoy cansado /cansada/.	**Sono stanco /stanca/.** [sono 'stanko /'stanka/]
Estoy triste.	**Sono triste.** [sono 'triste]
Estoy asustado.	**Sono spaventato /spaventata/.** [sono spaven'tato /spaven'tata/]
Estoy enfadado /enfadada/.	**Sono arrabbiato /arrabbiata/.** [sono arrab'bjato /arrab'bjata/]

Estoy preocupado /preocupada/.	**Sono preoccupato /preoccupata/.** [sono preokku'pato /preokku'pata/]
Estoy nervioso /nerviosa/.	**Sono nervoso /nervosa/.** [sono ner'vozo /ner'voza/]

Estoy celoso /celosa/.

Sono geloso /gelosa/.
[sono ʤe'lozo /ʤe'loza/]

Estoy sorprendido /sorprendida/.

Sono sorpreso /sorpresa/.
[sono sor'prezo /sor'preza/]

Estoy perplejo /perpleja/.

Sono perplesso /perplessa/.
[sono per'plesso /per'plessa/]

Problemas, Accidentes

Tengo un problema.

Ho un problema.
[o un pro'blema]

Tenemos un problema.

Abbiamo un problema.
[ab'bjamo un pro'blema]

Estoy perdido /perdida/.

Sono perso /persa/.
[sono' perso /'persa/]

Perdi el último autobús (tren).

Ho perso l'ultimo autobus (treno).
[o 'perso 'lultimo 'autobus ('treno)]

No me queda más dinero.

Non ho più soldi.
[non o pju 'soldi]

He perdido ...

Ho perso ...
[o 'perso ...]

Me han robado ...

Mi hanno rubato ...
[mi 'anno ru'bato ...]

mi pasaporte

il passaporto
[il passa'porto]

mi cartera

il portafoglio
[il porta'foʎʎo]

mis papeles

i documenti
[i doku'menti]

mi billete

il biglietto
[il biʎ'ʎetto]

mi dinero

i soldi
[i 'soldi]

mi bolso

la borsa
[la 'borsa]

mi cámara

la macchina fotografica
[la 'makkina foto'grafika]

mi portátil

il computer portatile
[il kom'pjuter por'tatile]

mi tableta

il tablet
[il 'tablet]

mi teléfono

il telefono cellulare
[il te'lefono tʃellu'lare]

¡Ayúdeme!

Aiuto!
[a'juto]

¿Qué pasó?

Che cosa è successo?
[ke 'koza e su'tʃesso?]

el incendio

fuoco
[fu'oko]

un tiroteo	**sparatoria** [spara'toria]
el asesinato	**omicidio** [omi'tʃidio]
una explosión	**esplosione** [esplo'zjone]
una pelea	**rissa** ['rissa]

¡Llame a la policía!	**Chiamate la polizia!** [kja'mate la poli'tsia!]
¡Más rápido, por favor!	**Per favore, faccia presto!** [per fa'vore, 'fatʃa 'presto!]
Busco la comisaría.	**Sto cercando la stazione di polizia.** [sto tʃer'kando la sta'tsjone di poli'tsia]
Tengo que hacer una llamada.	**Devo fare una telefonata.** [devo 'fare 'una telefo'nata]
¿Puedo usar su teléfono?	**Posso usare il suo telefono?** [posso u'zare il 'suo te'lefono?]

Me han ...	**Sono stato /stata/ ...** [sono 'stato /'stata/ ...]
asaltado /asaltada/	**aggredito /aggredita/** [ag'gredito /ag'gredita/]
robado /robada/	**derubato /derubata/** [deru'bato /deru'bata/]
violada	**violentata** [violen'tata]
atacado /atacada/	**assalito /assalita/** [assa'lito /assa'lita/]

¿Se encuentra bien?	**Lei sta bene?** [lei sta 'bene?]
¿Ha visto quien a sido?	**Ha visto chi è stato?** [a 'visto ki e 'stato?]
¿Sería capaz de reconocer a la persona?	**È in grado di riconoscere la persona?** [e in 'grado di riko'noʃere la per'sona?]
¿Está usted seguro?	**È sicuro?** [e si'kuro?]

Por favor, cálmese.	**Per favore, si calmi.** [per fa'vore, si 'kalmi]
¡Cálmese!	**Si calmi!** [si 'kalmi!]
¡No se preocupe!	**Non si preoccupi.** [non si pre'okkupi]
Todo irá bien.	**Andrà tutto bene.** [and'ra 'tutto 'bene]
Todo está bien.	**Va tutto bene.** [va 'tutto 'bene]
Venga aquí, por favor.	**Venga qui, per favore.** [venga kwi, per fa'vore]

Tengo unas preguntas para usted.

Devo porle qualche domanda.
[devo 'porle 'kwalke do'manda]

Espere un momento, por favor.

Aspetti un momento, per favore.
[a'spetti un mo'mento, per fa'vore]

¿Tiene un documento de identidad?

Ha un documento d'identità?
[a un doku'mento didenti'ta?]

Gracias. Puede irse ahora.

Grazie. Può andare ora.
[gratsie. pu'o an'dare 'ora]

¡Manos detrás de la cabeza!

Mani dietro la testa!
[mani 'djetro la 'testa!]

¡Está arrestado!

È in arresto!
[e in ar'resto!]

Problemas de salud

Ayudeme, por favor.

Mi può aiutare, per favore.
[mi pu'o aju'tare, per fa'vore]

No me encuentro bien.

Non mi sento bene.
[non mi 'sento 'bene]

Mi marido no se encuentra bien.

Mio marito non si sente bene.
[mio ma'rito non si 'sente 'bene]

Mi hijo …

Mio figlio …
[mio 'fiλλo …]

Mi padre …

Mio padre …
[mio 'padre …]

Mi mujer no se encuentra bien.

Mia moglie non si sente bene.
[mia 'moλλe non si 'sente 'bene]

Mi hija …

Mia figlia …
[mia 'fiλλa …]

Mi madre …

Mia madre …
[mia 'madre …]

Me duele …

Ho mal di …
[o mal di …]

la cabeza

testa
[testa]

la garganta

gola
[gola]

el estómago

pancia
['pantʃa]

un diente

denti
[denti]

Estoy mareado.

Mi gira la testa.
[mi 'dʒira la 'testa]

Él tiene fiebre.

Ha la febbre.
[a la 'febbre]

Ella tiene fiebre.

Ha la febbre.
[a la 'febbre]

No puedo respirar.

Non riesco a respirare.
[non ri'esko a respi'rare]

Me ahogo.

Mi manca il respiro.
[mi 'manka il re'spiro]

Tengo asma.

Sono asmatico /asmatica/.
[sono az'matiko /az'matika/]

Tengo diabetes.

Sono diabetico /diabetica/.
[sono dia'betiko /dia'betika/]

No puedo dormir.	**Soffro d'insonnia.** [soffro din'sonnia]
intoxicación alimentaria	**intossicazione alimentare** [intossikat'tsjone alimen'tare]

Me duele aquí.	**Fa male qui.** [fa 'male kwi]
¡Ayúdeme!	**Mi aiuti!** [mi a'juti!]
¡Estoy aquí!	**Sono qui!** [sono kwi!]
¡Estamos aquí!	**Siamo qui!** [sjamo kwi!]
¡Saquenme de aquí!	**Mi tiri fuori di qui!** [mi 'tiri fu'ori di kwi!]
Necesito un médico.	**Ho bisogno di un dottore.** [o bi'zoɲo di un dot'tore]
No me puedo mover.	**Non riesco a muovermi.** [non ri'esko a mu'overmi]
No puedo mover mis piernas.	**Non riesco a muovere le gambe.** [non ri'esko a mu'overe le 'gambe]

Tengo una herida.	**Ho una ferita.** [o 'una fe'rita]
¿Es grave?	**È grave?** [e 'grave?]
Mis documentos están en mi bolsillo.	**I miei documenti sono in tasca.** [i 'mjei doku'menti 'sono in 'taska]
¡Cálmese!	**Si calmi!** [si 'kalmi!]
¿Puedo usar su teléfono?	**Posso usare il suo telefono?** [posso u'zare il 'suo te'lefono?]

¡Llame a una ambulancia!	**Chiamate l'ambulanza!** [kja'mate lambu'lantsa!]
¡Es urgente!	**È urgente!** [e ur'dʒente!]
¡Es una emergencia!	**È un'emergenza!** [e un emer'dʒentsa!]
¡Más rápido, por favor!	**Per favore, faccia presto!** [per fa'vore, 'fatʃa 'presto!]
¿Puede llamar a un médico, por favor?	**Per favore, chiamate un medico.** [per fa'vore, kja'mate un 'mediko]
¿Dónde está el hospital?	**Dov'è l'ospedale?** [dov'e lospe'dale?]

¿Cómo se siente?	**Come si sente?** [kome si 'sente?]
¿Se encuentra bien?	**Sta bene?** [sta 'bene?]
¿Qué pasó?	**Che cosa è successo?** [ke 'koza e su'tʃesso?]

Me encuentro mejor.

Mi sento meglio ora.
[mi 'sento 'meʎʎo 'ora]

Está bien.

Va bene.
[va 'bene]

Todo está bien.

Va tutto bene.
[va 'tutto 'bene]

En la farmacia

la farmacia	**farmacia** [farma'tʃija]
la farmacia 24 horas	**farmacia di turno** [farma'tʃija di 'turno]
¿Dónde está la farmacia más cercana?	**Dov'è la farmacia più vicina?** [dov'e la farma'tʃija pju vi'tʃina?]
¿Está abierta ahora?	**È aperta a quest'ora?** [e a'perta a 'kwest 'ora?]
¿A qué hora abre?	**A che ora apre?** [a ke 'ora 'apre?]
¿A qué hora cierra?	**A che ora chiude?** [a ke 'ora 'kjude?]
¿Está lejos?	**È lontana?** [e lon'tana?]
¿Puedo llegar a pie?	**Posso andarci a piedi?** [posso an'dartʃi a 'pjedi?]
¿Puede mostrarme en el mapa?	**Può mostrarmi sulla piantina?** [pu'o mo'strarmi 'sulla pjan'tina?]
Por favor, deme algo para …	**Per favore, può darmi qualcosa per …** [per fa'vore, pu'o 'darmi kwal'koza per …]
un dolor de cabeza	**il mal di testa** [il mal di 'testa]
la tos	**la tosse** [la 'tosse]
el resfriado	**il raffreddore** [il raffred'dore]
la gripe	**l'influenza** [linflu'entsa]
la fiebre	**la febbre** [la 'febbre]
un dolor de estomago	**il mal di stomaco** [il mal di 'stomako]
nauseas	**la nausea** [la 'nauzea]
la diarrea	**la diarrea** [la diar'rea]
el estreñimiento	**la costipazione** [la kostipa'tsjone]
un dolor de espalda	**mal di schiena** [mal di 'skjena]

un dolor de pecho	**dolore al petto** [do'lore al 'petto]
el flato	**fitte al fianco** [fitte al 'fjanko]
un dolor abdominal	**dolori addominali** [do'lori addomi'nali]

la píldora	**pastiglia** [pa'stiʎʎa]
la crema	**pomata** [po'mata]
el jarabe	**sciroppo** [ʃi'roppo]
el spray	**spray** [spraj]
las gotas	**gocce** [gotʃe]

Tiene que ir al hospital.	**Deve andare in ospedale.** [deve an'dare in ospe'dale]
el seguro de salud	**assicurazione sanitaria** [assikura'tsjone sani'taria]
la receta	**prescrizione** [preskri'tsjone]
el repelente de insectos	**insettifugo** [inset'tifugo]
la curita	**cerotto** [tʃe'rotto]

Lo más imprescindible

Perdone, ...	**Mi scusi, ...** [mi 'skuzi, ...]
Hola.	**Buongiorno.** [buon'dʒorno]
Gracias.	**Grazie.** [gratsie]

Sí.	**Sì.** [si]
No.	**No.** [no]
No lo sé.	**Non lo so.** [non lo so]
¿Dónde? | ¿A dónde? | ¿Cuándo?	**Dove? | Dove? | Quando?** [dove? | 'dove? | 'kwando?]

Necesito ...	**Ho bisogno di ...** [o bi'zoɲo di ...]
Quiero ...	**Voglio ...** [voʎʎo ...]
¿Tiene ...?	**Avete ...?** [a'vete ...?]
¿Hay ... por aquí?	**C'è un /una/ ... qui?** [tʃe un /'una/ ... kwi?]
¿Puedo ...?	**Posso ...?** [posso ...?]
..., por favor? (petición educada)	**per favore** [per fa'vore]

Busco ...	**Sto cercando ...** [sto tʃer'kando ...]
el servicio	**bagno** [baɲo]
un cajero automático	**bancomat** [bankomat]
una farmacia	**farmacia** [farma'tʃija]
el hospital	**ospedale** [ospe'dale]

la comisaría	**stazione di polizia** [sta'tsjone di poli'tsia]
el metro	**metropolitana** [metropoli'tana]

un taxi	**taxi** ['taksi]
la estación de tren	**stazione** [sta'tsjone]
Me llamo …	**Mi chiamo …** [mi 'kjamo …]
¿Cómo se llama?	**Come si chiama?** [kome si 'kjama?]
¿Puede ayudarme, por favor?	**Mi può aiutare, per favore?** [mi pu'o aju'tare, per fa'vore?]
Tengo un problema.	**Ho un problema.** [o un pro'blema]
Me encuentro mal.	**Mi sento male.** [mi 'sento 'male]
¡Llame a una ambulancia!	**Chiamate l'ambulanza!** [kja'mate lambu'lantsa!]
¿Puedo llamar, por favor?	**Posso fare una telefonata?** [posso 'fare 'una telefo'nata?]
Lo siento.	**Mi dispiace.** [mi dis'pjatʃe]
De nada.	**Prego.** [prego]
Yo	**io** [io]
tú	**tu** [tu]
él	**lui** [lui]
ella	**lei** ['lei]
ellos	**loro** [loro]
ellas	**loro** [loro]
nosotros /nosotras/	**noi** [noi]
ustedes, vosotros	**voi** [voi]
usted	**Lei** ['lei]
ENTRADA	**ENTRATA** [en'trata]
SALIDA	**USCITA** [u'ʃita]
FUERA DE SERVICIO	**FUORI SERVIZIO** [fu'ori ser'vitsio]
CERRADO	**CHIUSO** [kjuzo]

ABIERTO	**APERTO** [a'perto]
PARA SEÑORAS	**DONNE** [donne]
PARA CABALLEROS	**UOMINI** [u'omini]

MINI DICCIONARIO

Esta sección contiene 250 palabras útiles necesarias para la comunicación diaria. Encontrará ahí los nombres de los meses y de los días de la semana.
El diccionario también contiene temas relevantes tales como colores, medidas, familia, y más

T&P Books Publishing

CONTENIDO
DEL DICCIONARIO

T&P Books Publishing

tiempo (m)	**tempo** (m)	['tempo]
hora (f)	**ora** (f)	['ora]
media hora (f)	**mezzora** (f)	[med'dzora]
minuto (m)	**minuto** (m)	[mi'nuto]
segundo (m)	**secondo** (m)	[se'kondo]
hoy (adv)	**oggi**	['odʒi]
mañana (adv)	**domani**	[do'mani]
ayer (adv)	**ieri**	['jeri]
lunes (m)	**lunedì** (m)	[lune'di]
martes (m)	**martedì** (m)	[marte'di]
miércoles (m)	**mercoledì** (m)	[merkole'di]
jueves (m)	**giovedì** (m)	[dʒove'di]
viernes (m)	**venerdì** (m)	[vener'di]
sábado (m)	**sabato** (m)	['sabato]
domingo (m)	**domenica** (f)	[do'menika]
día (m)	**giorno** (m)	['dʒorno]
día (m) de trabajo	**giorno** (m) **lavorativo**	['dʒorno lavora'tivo]
día (m) de fiesta	**giorno** (m) **festivo**	['dʒorno fes'tivo]
fin (m) de semana	**fine** (m) **settimana**	['fine setti'mana]
semana (f)	**settimana** (f)	[setti'mana]
semana (f) pasada	**la settimana scorsa**	[la setti'mana 'skorsa]
semana (f) que viene	**la settimana prossima**	[la setti'mana 'prossima]
por la mañana	**di mattina**	[di mat'tina]
por la tarde	**nel pomeriggio**	[nel pome'ridʒo]
por la noche	**di sera**	[di 'sera]
esta noche	**stasera**	[sta'sera]
(p.ej. 8:00 p.m.)		
por la noche	**di notte**	[di 'notte]
medianoche (f)	**mezzanotte** (f)	[meddza'notte]
enero (m)	**gennaio** (m)	[dʒen'najo]
febrero (m)	**febbraio** (m)	[feb'brajo]
marzo (m)	**marzo** (m)	['martso]
abril (m)	**aprile** (m)	[a'prile]
mayo (m)	**maggio** (m)	['madʒo]
junio (m)	**giugno** (m)	['dʒuɲo]
julio (m)	**luglio** (m)	['luʎʎo]
agosto (m)	**agosto** (m)	[a'gosto]

septiembre (m)	settembre (m)	[set'tembre]
octubre (m)	ottobre (m)	[ot'tobre]
noviembre (m)	novembre (m)	[no'vembre]
diciembre (m)	dicembre (m)	[di'tʃembre]

en primavera	in primavera	[in prima'vera]
en verano	in estate	[in e'state]
en otoño	in autunno	[in au'tunno]
en invierno	in inverno	[in in'verno]

mes (m)	mese (m)	['meze]
estación (f)	stagione (f)	[sta'dʒone]
año (m)	anno (m)	['anno]

2. Números. Los numerales

cero	zero (m)	['dzero]
uno	uno	['uno]
dos	due	['due]
tres	tre	['tre]
cuatro	quattro	['kwattro]

cinco	cinque	['tʃinkwe]
seis	sei	['sej]
siete	sette	['sette]
ocho	otto	['otto]
nueve	nove	['nove]
diez	dieci	['djetʃi]

once	undici	['unditʃi]
doce	dodici	['doditʃi]
trece	tredici	['treditʃi]
catorce	quattordici	[kwat'torditʃi]
quince	quindici	['kwinditʃi]

dieciséis	sedici	['seditʃi]
diecisiete	diciassette	[ditʃas'sette]
dieciocho	diciotto	[di'tʃotto]
diecinueve	diciannove	[ditʃan'nove]

veinte	venti	['venti]
treinta	trenta	['trenta]
cuarenta	quaranta	[kwa'ranta]
cincuenta	cinquanta	[tʃin'kwanta]

sesenta	sessanta	[ses'santa]
setenta	settanta	[set'tanta]
ochenta	ottanta	[ot'tanta]
noventa	novanta	[no'vanta]
cien	cento	['tʃento]

doscientos	**duecento**	[due'tʃento]
trescientos	**trecento**	[tre'tʃento]
cuatrocientos	**quattrocento**	[kwattro'tʃento]
quinientos	**cinquecento**	[tʃinkwe'tʃento]
seiscientos	**seicento**	[sej'tʃento]
setecientos	**settecento**	[sette'tʃento]
ochocientos	**ottocento**	[otto'tʃento]
novecientos	**novecento**	[nove'tʃento]
mil	**mille**	['mille]
diez mil	**diecimila**	['djetʃi 'mila]
cien mil	**centomila**	[tʃento'mila]
millón (m)	**milione** (m)	[mi'ljone]
mil millones	**miliardo** (m)	[mi'ljardo]

3. El ser humano. Los familiares

hombre (m) (varón)	**uomo** (m)	[u'omo]
joven (m)	**giovane** (m)	['dʒovane]
mujer (f)	**donna** (f)	['donna]
muchacha (f)	**ragazza** (f)	[ra'gattsa]
anciano (m)	**vecchio** (m)	['vekkio]
anciana (f)	**vecchia** (f)	['vekkia]
madre (f)	**madre** (f)	['madre]
padre (m)	**padre** (m)	['padre]
hijo (m)	**figlio** (m)	['fiʎʎo]
hija (f)	**figlia** (f)	['fiʎʎa]
hermano (m)	**fratello** (m)	[fra'tello]
hermana (f)	**sorella** (f)	[so'rella]
padres (pl)	**genitori** (m pl)	[dʒeni'tori]
niño -a (m, f)	**bambino** (m)	[bam'bino]
niños (pl)	**bambini** (m pl)	[bam'bini]
madrastra (f)	**matrigna** (f)	[ma'triɲa]
padrastro (m)	**patrigno** (m)	[pa'triɲo]
abuela (f)	**nonna** (f)	['nonna]
abuelo (m)	**nonno** (m)	['nonno]
nieto (m)	**nipote** (m)	[ni'pote]
nieta (f)	**nipote** (f)	[ni'pote]
nietos (pl)	**nipoti** (pl)	[ni'poti]
tío (m)	**zio** (m)	['tsio]
tía (f)	**zia** (f)	['tsia]
sobrino (m)	**nipote** (m)	[ni'pote]
sobrina (f)	**nipote** (f)	[ni'pote]
mujer (f)	**moglie** (f)	['moʎʎe]

marido (m)	**marito** (m)	[ma'rito]
casado (adj)	**sposato**	[spo'zato]
casada (adj)	**sposata**	[spo'zata]
viuda (f)	**vedova** (f)	['vedova]
viudo (m)	**vedovo** (m)	['vedovo]
nombre (m)	**nome** (m)	['nome]
apellido (m)	**cognome** (m)	[ko'ɲome]
pariente (m)	**parente** (m)	[pa'rente]
amigo (m)	**amico** (m)	[a'miko]
amistad (f)	**amicizia** (f)	[ami'ʧitsia]
compañero (m)	**partner** (m)	['partner]
superior (m)	**capo** (m)**, superiore** (m)	['kapo], [supe'rjore]
colega (m, f)	**collega** (m)	[kol'lega]
vecinos (pl)	**vicini** (m pl)	[vi'ʧini]

4. El cuerpo. La anatomía humana

cuerpo (m)	**corpo** (m)	['korpo]
corazón (m)	**cuore** (m)	[ku'ore]
sangre (f)	**sangue** (m)	['sangue]
cerebro (m)	**cervello** (m)	[ʧer'vello]
hueso (m)	**osso** (m)	['osso]
columna (f) vertebral	**colonna** (f) **vertebrale**	[ko'lonna verte'brale]
costilla (f)	**costola** (f)	['kostola]
pulmones (m pl)	**polmoni** (m pl)	[pol'moni]
piel (f)	**pelle** (f)	['pelle]
cabeza (f)	**testa** (f)	['testa]
cara (f)	**viso** (m)	['vizo]
nariz (f)	**naso** (m)	['nazo]
frente (f)	**fronte** (f)	['fronte]
mejilla (f)	**guancia** (f)	['gwanʧa]
boca (f)	**bocca** (f)	['bokka]
lengua (f)	**lingua** (f)	['lingua]
diente (m)	**dente** (m)	['dente]
labios (m pl)	**labbra** (f pl)	['labbra]
mentón (m)	**mento** (m)	['mento]
oreja (f)	**orecchio** (m)	[o'rekkio]
cuello (m)	**collo** (m)	['kollo]
ojo (m)	**occhio** (m)	['okkio]
pupila (f)	**pupilla** (f)	[pu'pilla]
ceja (f)	**sopracciglio** (m)	[sopra'ʧiʎʎo]
pestaña (f)	**ciglio** (m)	['ʧiʎʎo]
pelo, cabello (m)	**capelli** (m pl)	[ka'pelli]

peinado (m)	pettinatura (f)	[pettina'tura]
bigote (m)	baffi (m pl)	['baffi]
barba (f)	barba (f)	['barba]
tener (~ la barba)	portare (vt)	[por'tare]
calvo (adj)	calvo	['kalvo]
mano (f)	mano (f)	['mano]
brazo (m)	braccio (m)	['bratʃo]
dedo (m)	dito (m)	['dito]
uña (f)	unghia (f)	['ungia]
palma (f)	palmo (m)	['palmo]
hombro (m)	spalla (f)	['spalla]
pierna (f)	gamba (f)	['gamba]
rodilla (f)	ginocchio (m)	[dʒi'nokkio]
talón (m)	tallone (m)	[tal'lone]
espalda (f)	schiena (f)	['skjena]

5. La ropa. Accesorios personales

ropa (f)	vestiti (m pl)	[ve'stiti]
abrigo (m)	cappotto (m)	[kap'potto]
abrigo (m) de piel	pelliccia (f)	[pel'litʃa]
cazadora (f)	giubbotto (m), giaccha (f)	[dʒub'botto], ['dʒakka]
impermeable (m)	impermeabile (m)	[imperme'abile]
camisa (f)	camicia (f)	[ka'mitʃa]
pantalones (m pl)	pantaloni (m pl)	[panta'loni]
chaqueta (f), saco (m)	giacca (f)	['dʒakka]
traje (m)	abito (m) da uomo	['abito da u'omo]
vestido (m)	abito (m)	['abito]
falda (f)	gonna (f)	['gonna]
camiseta (f) (T-shirt)	maglietta (f)	[maʎ'ʎetta]
bata (f) de baño	accappatoio (m)	[akkappa'tojo]
pijama (m)	pigiama (m)	[pi'dʒama]
ropa (f) de trabajo	tuta (f) da lavoro	['tuta da la'voro]
ropa (f) interior	intimo (m)	['intimo]
calcetines (m pl)	calzini (m pl)	[kal'tsini]
sostén (m)	reggiseno (m)	[redʒi'seno]
pantimedias (f pl)	collant (m)	[kol'lant]
medias (f pl)	calze (f pl)	['kaltse]
traje (m) de baño	costume (m) da bagno	[ko'stume da 'baɲo]
gorro (m)	cappello (m)	[kap'pello]
calzado (m)	calzature (f pl)	[kaltsa'ture]
botas (f pl) altas	stivali (m pl)	[sti'vali]
tacón (m)	tacco (m)	['takko]
cordón (m)	laccio (m)	['latʃo]

betún (m)	lucido (m) per le scarpe	['lutʃido per le 'skarpe]
guantes (m pl)	guanti (m pl)	['gwanti]
manoplas (f pl)	manopole (f pl)	[ma'nopole]
bufanda (f)	sciarpa (f)	['ʃarpa]
gafas (f pl)	occhiali (m pl)	[ok'kjali]
paraguas (m)	ombrello (m)	[om'brello]
corbata (f)	cravatta (f)	[kra'vatta]
moquero (m)	fazzoletto (m)	[fattso'letto]
peine (m)	pettine (m)	['pettine]
cepillo (m) de pelo	spazzola (f) per capelli	['spattsola per ka'pelli]
hebilla (f)	fibbia (f)	['fibbia]
cinturón (m)	cintura (f)	[tʃin'tura]
bolso (m)	borsetta (f)	[bor'setta]

6. La casa. El apartamento

apartamento (m)	appartamento (m)	[apparta'mento]
habitación (f)	camera (f), stanza (f)	['kamera], ['stantsa]
dormitorio (m)	camera (f) da letto	['kamera da 'letto]
comedor (m)	sala (f) da pranzo	['sala da 'prantso]
salón (m)	salotto (m)	[sa'lotto]
despacho (m)	studio (m)	['studio]
antecámara (f)	ingresso (m)	[in'gresso]
cuarto (m) de baño	bagno (m)	['baɲo]
servicio (m)	gabinetto (m)	[gabi'netto]
aspirador (m), aspiradora (f)	aspirapolvere (m)	[aspira·'polvere]
fregona (f)	frettazzo (m)	[fret'tattso]
trapo (m)	strofinaccio (m)	[strofi'natʃo]
escoba (f)	scopa (f)	['skopa]
cogedor (m)	paletta (f)	[pa'letta]
muebles (m pl)	mobili (m pl)	['mobili]
mesa (f)	tavolo (m)	['tavolo]
silla (f)	sedia (f)	['sedia]
sillón (m)	poltrona (f)	[pol'trona]
espejo (m)	specchio (m)	['spekkio]
tapiz (m)	tappeto (m)	[tap'peto]
chimenea (f)	camino (m)	[ka'mino]
cortinas (f pl)	tende (f pl)	['tende]
lámpara (f) de mesa	lampada (f) da tavolo	['lampada da 'tavolo]
lámpara (f) de araña	lampadario (m)	[lampa'dario]
cocina (f)	cucina (f)	[ku'tʃina]
cocina (f) de gas	fornello (m) a gas	[for'nello a gas]
cocina (f) eléctrica	fornello (m) elettrico	[for'nello e'lettriko]

horno (m) microondas	**forno** (m) **a microonde**	['forno a mikro'onde]
frigorífico (m)	**frigorifero** (m)	[frigo'rifero]
congelador (m)	**congelatore** (m)	[kondʒela'tore]
lavavajillas (m)	**lavastoviglie** (f)	[lavasto'viʎʎe]
grifo (m)	**rubinetto** (m)	[rubi'netto]
picadora (f) de carne	**tritacarne** (m)	[trita'karne]
exprimidor (m)	**spremifrutta** (m)	[spremi'frutta]
tostador (m)	**tostapane** (m)	[tosta'pane]
batidora (f)	**mixer** (m)	['mikser]
cafetera (f) (aparato de cocina)	**macchina** (f) **da caffè**	['makkina da kaf'fe]
hervidor (m) de agua	**bollitore** (m)	[bolli'tore]
tetera (f)	**teiera** (f)	[te'jera]
televisor (m)	**televisore** (m)	[televi'zore]
vídeo (m)	**videoregistratore** (m)	[video·redʒistra'tore]
plancha (f)	**ferro** (m) **da stiro**	['ferro da 'stiro]
teléfono (m)	**telefono** (m)	[te'lefono]

www.ingramcontent.com/pod-product-compliance
Lightning Source LLC
Chambersburg PA
CBHW070840050426
42452CB00011B/2363

*9 7 8 1 7 8 4 9 2 6 2 4 3 *